COUP-D'ŒIL

SUR LA PÉNURIE DES FINANCES,

OU

TABLEAU raisonné des ressources de l'État, comparé avec ses dépenses légitimes.

A PARIS,

Chez ETIENNE-CHARLES, Imprimeur, rue Nicaise, n°. 513, et chez les Marchands de nouveauté.

AN VII.

INTRODUCTION.

Lorsque le peuple jouit dans le calme, des bienfaits d'un gouvernement sagement constitué, toute son attention se réduit à aider de ses observations, les mandataires qu'il a investis de sa confiance, et à respecter religieusement le pacte social sur lequel repose son bonheur.

Mais lorsque des mandataires infidèles, s'autorisant de quelques services rendus à la chose publique, moins pour elle que pour leur intérêt personnel, abusent de la bonne foi de leurs concitoyens pour leur forger de nouveaux fers, après les avoir trahis et ruinés ; alors les devoirs de tous les citoyens prennent un caractère plus grave, alors les hommes que la nature a doué d'une ame honnête et sensible, doivent se sacrifier, s'il le faut, pour défendre la cause commune, et pro-

voquer, en arachant les masques des nouveaux *oppresseurs* de leur patrie, le cri
de l'indignation générale et l'exécration
universelle.

J'ai rempli une partie de cette tâche,
qui a causé d'honorables persécutions à
ceux qui m'avaient précédé dans cette
lutte pénible et dangereuse. Je vais achever de déchirer le voile, en démontrant
que coupables d'une foule de crimes pour
assurer leur despotisme, nos *derniers ty-
rans* le sont encore des plus horribles
dilapidations. Puisse cet écrit hâter leur
châtiment et préparer les moyens de
sauver la patrie.

COUP-D'ŒIL

SUR LA PÉNURIE DES FINANCES,

OU

TABLEAU raisonné des ressources de l'État, comparé avec ses dépenses légitimes.

> Il ne peut y avoir de déficit, que lorsque le montant des ressources réelles, n'a pas atteint le montant des dépenses légitimement faites. Lorsque le déficit a une autre cause, alors il y a dilapidations, alors il y a attentat aux *propriétés et à la sûreté de l'état.*

LE Corps législatif vient d'arrêter le systéme de brigandage, ourdi par une *faction* d'autant plus puissante, qu'elle avait placé son centre d'activité au sein même de *l'autorité exécutive*, et qu'elle étendait ses ramifications dans toutes les parties de l'administration.

Le mal que cette *faction déprédatrice* a fait, est-il si grand qu'on ne puisse le réparer, sans avoir recours à des moyens extraordinaires?

Et si la nécessité de réorganiser promptement les armées a décidé le Corps législatif à

A

faire un appel aux citoyens riches et aisés, leur restera-t-il au moins l'espoir de recouvrer leurs avances, soit sur les rentrées progressives des revenus de l'État, soit sur les restitutions auxquelles seront contraints les dilapidateurs de la fortune publique? Et en exigeant cet emprunt, n'y aurait-il pas moyen de dégrever d'un autre côté les citoyens d'une partie des charges déjà établies, telles qu'une déduction sur les contributions, et le rapport de la loi sur la subvention de guerre?

Pour fixer ses idées à cet égard et calmer les inquiétudes, il faut rechercher, 1°. si, comme l'a avancé le ministre des finances, nonobstant les impôts en tout genre et toujours croissans, dont nous sommes accablés depuis un an, il se trouve encore un déficit de 67 millions, pour arriver au complet des fonds décrétés pour le service de l'an 7, sans y comprendre ceux qui seront nécessaires pour remplacer plusieurs ressources dont nos défaites nous ont privées, et pour reprendre l'attitude imposante que nous avions avant la reprise des hostilités.

2°. Si les revenus réels sont insuffisans pour

couvrir les dépenses réelles et légitimement faites.

3°. Si, en supposant un déficit entre les produits présumés et les dépenses réelles, l'autorité exécutive n'a pas pu y suppléer par les ressources extraordinaires qu'elle s'est procurée

Si j'établis la négative de ces propositions, c'est-à-dire, si j'établis que, quelqu'aient été les revenus d'une part, et les dépenses de l'autre, le gouvernement a eu dans ses mains toutes les ressources nécessaires pour faire face à toutes les dépenses de l'an 7 : j'aurai prouvé, contre l'assertion du ministre des finances, qu'il n'y a point de *déficit* réel, mais d'énormes dilapidations.

PREMIÈRE PARTIE.

Les fonds reconnus nécessaires pour le service de l'an 7 ont été couverts par les revenus fixes et éventuels, décrétés par le Corps législatif.

Le 26 fructidor an 6, le Corps législatif rendit une loi qui fixa les fonds nécessaires pour les services ordinaires et extraordinaires de l'an 7, à 600 millions.

Mais il en fut bientôt distrait une somme de 25 millions , affectée au service des ponts et chaussées, attendu que la taxe d'entretien des routes y a suppléé. Ainsi, les fonds nécessaires pour l'an 7 , se sont trouvés réduits à 575 millions, (l'octroi de bienfaisance a encore depuis réduit cette masse de fonds).

Ces 575 millions étaient assurés, 1°. par les contributions en tout genre, établies tant sur la France, que sur les pays conquis en deçà du Rhin, et fixées par le Corps lég. à 250 millions

2°. Par les revenus des forêts nationales, évaluées à . . . . 25,000,000 f.

3°. Par la vente et le revenu des domaines nationaux , évalués ensemble à . . . . . 30,000,000 f.

4°. Par la reprise sur l'arriéré des contributions et créances actives du trésor n^{al}., mont. à 22,500,000 f.

Ce qui donne déjà un total de 327,500,000 f. Restait, pour parfaire le montant des fonds décrétés, une somme de . . . . 247,500,000 f.

Somme égale à . . . . . 575,000,000 f.

Cette somme devait être remplie par les

droits d'enregistrement et de timbre, amendes, épaves, douanes, poste aux lettres, voitures publiques, navigation, bacs et canaux, droits de garantie sur les matières d'or et d'argent, poudres et salpêtres, loterie et aures droits.

Suivant un rapport de Destrem, en date du 26 vendemiaire an 7. ces divers droits ne devaient donner, que 217,500,000 f.

Enregistrement et timbre. .	100,000,000 f.
Amendes	2,000,000
Patentes.	20,000,000
Douanes	10,000,000
Poste aux lettres	10,000,000
Voitures publiques . . .	1,000,000
Droits de bacs, canaux, etc.	50,000,000
Garantie	1,000,000
Poudres et salpêtres . . .	500,000
Salines.	5,000,000
Tabac	10,000,000
Loterie	10,000,000
Hypothèque	8,000,000
Droits de greffe	10,000,000

Total . . . . 217,500,000 f.

ajouté aux autres produits fixés à 327,500,000

Donnaient un total de . . 545,000,000 f.

Il y avait, par conséquent, un déficit de 5o millions, pour arriver aux 575 millions affectés au service de l'an 7.

Ce déficit, en supposant qu'il existât, fut bientôt couvert et au-delà.

En effet, le directoire exécutif fut autorisé, par une loi du 26 du même mois de vendemiaire an 7, à aliéner une masse de 125 millions de domaines nationaux, tant pour la levée des conscrits, que pour la restauration de la marine.

Et il fut stipulé dans la loi, que les actes de vente seraient assujettis à un droit d'enregistrement de deux pour cent, à la charge des acquéreurs, indépendamment d'un demi pour cent du montant de l'adjudication, pour frais de vente.

Ces deux pour cent donnent.   2,5oo,ooo f.
qui ajoutés au capital de . . 125,ooo,ooo
____
donnent un total de . . 127,5oo,ooo f.

Ainsi, en admettant le déficit de 5o millions annoncé par Destrem, il était couvert et présentait en plus une ressource de 97,5oo,ooo francs.

Mais le Corps législatif, trompé alors, regarda ce surcroît de ressources, comme devant être affecté à une dépense imprévue qui ne devait pas entrer en compensation avec les fonds décrétés pour le service de l'an 7, et dans cette erreur, il s'occupa de combler le déficit de 30 millions, par plusieurs lois bursales.

En conséquence, le 11 brumaire an 7, il rendit une loi qui détermina les droits sur les hypothèques.

Par une autre loi du 13, il augmenta le droit de timbre, et l'étendit à des objets qui n'y avaient été assujettis jusqu'alors.

Le 4 frimaire, un autre loi greva les portes et fenêtres d'une contribution évaluée à seize millions.

Le lendemain, autre loi qui établit trois bureaux de conservation des hypothèques dans le département du Léman.

Enfin, le 22, une autre loi augmenta le droit d'enregistrement.

En cet état de choses, Malès fit un rapport le 26 nivôse, dans lequel il porta le déficit à 50 millions.

On remarque avec étonnement dans ce rapport que , malgré l'augmentation des droits d'enregistrement et de timbre , le premier droit y est réduit à 70 millions, au lieu de 80 ; le second à 16 millions, au lieu de 20 ; le droit sur les tabacs y est réduit à 4 millions, au lieu de 10 ; celui de greffe à 3 , au lieu de 10 ; celui des hypothèques à 6 , au lieu de 8 ; les patentés à 18 , au lieu de 20 ; le revenu des forêts nationales à 20 , au lieu de 25.

Comment se fait-il , qu'après avoir augmenté les droits existans et après en avoir créé de nouveaux , il se soit trouvé un déficit présumé plus considérable ? C'est ce que nous verrons plus loin.

Pour combler ce prétendu déficit de 50 millions , Malès a dit que la moitié pourrait se couvrir par des économies et des bonifications dans les perceptions déjà établies ; l'autre moitié , par la rectification du tarif des douanes et de l'impôt du tabac , et par l'établissement d'un droit de cinq centimes par livre de sel.

Cette dernière proposition a été rejettée. Mais le Corps législatif y a pourvu par d'autres lois rendues en ventôse et germinal. Une première loi ordonna le doublement des droits sur les portes et fenêtres, et y comprit les portes charretières qui n'avaient pas été comprises dans la première taxe, et quintupla à peu près celui sur les portes cochères et de magasins.

Une deuxième diminua les dépenses judiciaire, en mettant les frais à la charge des condamnés.

Une troisième affecta au service de l'an 7, le produit des domaines engagés.

Une quatrième augmenta les droits sur les douanes.

Enfin une cinquième loi établit un droit de greffe au profit de la république, dans les tribunaux civils et de commerce.

Ces lois étaient à peine rendues lorque Génissieux fit un nouveau rapport au conseil des 500, le 26 germinal, dans lequel il annonce que le tableau des ressources, présenté par Malès, était ausi exact qu'il pouvait l'être, d'après les apperçus qu'on avait alors; mais que d'après une conférence avec le *ministre des finances*, la commission a appris que plusieurs articles avaient été trop haut, d'autre trop bas, et que d'ailleurs, de nouvelles ressources ayant été ouvertes, il était nécessaire de présenter un nouvel état de toutes les ressources ordinaires et extraordinaires pour le service de l'an 7.

Génissieux présenta ce nouveau tableau, dans lequel les 125 millions de domaines nationaux ne sont pas compris, et duquel il résulte que le déficit est encore de 41,475,000 f. Dans ce rapport, le produit du droit d'enregistrement n'y est évalué qu'à 67 millions, quoique, de son aveu, ce droit ait doublé en ligne directe, quintuplé dans les dispositions testamentaires entre époux, et qu'il fût porté à cinq pour cent, entre frères et sœurs.

La loterie n'est mise en ligne de compte que pour 7 millions; la poste pour 8, la taxe sur les fenêtres et portes à 16 millions.

Cependant, malgré ces réductions, Génissieux trouve des moyens de combler le déficit; il trouve d'abord 25 millions dans le produit des domaines engagés, qui seraient soumissionnés ou vendus en exécution de la loi du 14 ventôse, et dont le prix est affecté au service extraordinaire de l'an 7 ; ce qui réduisait sur le champ le déficit à 16,475,000 francs.

Génissieux trouve ensuite 2 millions 83 mille francs dans la réduction à faire sur les fonds du ministre de la justice, des frais de procédure à la charge des condamnés; ce qui réduit le déficit à 14 millions 3 ou 400 mille francs.

Il réduit ensuite sur le ministre de l'intérieur, 5 millions 300 mille francs, produit de neuf mois d'octroi de bienfaisance, établi dans la commune de Paris, pour l'entretien des hôpitaux, qui ne sont plus à la charge du trésor public; ce qui réduit le déficit à 9 millions et même à 7, dit Génissieux, si l'on établissait un octroi de bienfaisance dans les autres grandes communes, (ce qui a été fait).

Ces 9 ou 7 millions de déficit, poursuit Génissieux, pourraient être couverts par la rectification des rôles très-infidèles de la contribution sur les portes et fenêtres, qui pourraient alors rendre 25 millions. Il a présenté un projet de résolution à cet égard.

Génissieux a encore trouvé une ressource de 10 millions, dans le produit de la restitution des fruits des quatre années antérieures à l'an 7, due par ceux qui, étant co-proprié-

taires avec des émigrés, ont joui de la portion appartenante à la république.

Génissieux a proposé encore d'ordonner
l'ouverture des testamens et codiciles secrets
fait par des personnes décédées.

Enfin, il a proposé des réductions praticables dans le ministère de la marine; toutes ces ressources devaient être plus que suffisantes pour combler le déficit supposé.

Mais bientôt parut un message du directoire, auquel était annexé un tableau dressé par le ministre des finances, dans lequel celui-ci, revenant pour la troisième fois sur ses propres évaluations, réduit toutes les ressources à 508,456,973 f., et trouve par conséquent un déficit de 66,543,027 francs.

Ainsi plus on a augmenté les impôts, moins on a trouvé de produit.

Cela a nécessité un nouveau rapport de Génissieux le 25 floréal, dans lequel il leva une partie du voile officieux sous lequel les plus *affreux brigandages* avaient été ensevelis jusqu'alors.

Il annonça que les désordres avaient été tels, sous l'administration de Schérer, qu'indépen-

damment des marchés ruineux qu'il avait passés, lorsque nous avons été obligés de reprendre les armes contre la Toscane et l'Autriche, on n'a plus trouvé qu'une partie des hommes dont on payait la solde, et une faible partie des chevaux dont on payait les rations; qu'on a cherché inutilement les armes et munitions dont on avaitfait les fonds, et celles prises sur les ennemis; et que d'après des apperçus communiqués par le nouveau ministre de la guerre, il manquait à celui-ci 40 ou 50 millions pour achever l'an 7; en sorte, a dit Génissieux, qu'au lieu d'un déficit de 66 millions, il y aurait un déficit de 116.

Génissieux a présenté ensuite un tableau des ressources reconnues, a-t-il dit, par le ministre des finances, montant à 510,116,628 f. d'où il résultait un déficit de 56,083,382 f. au lieu de 66: discutant ensuite les articles du tabac, il porte à 62,673,957 f. le prix des domaines nationaux vendus antérieurement à l'an 7, porté seulement à 40 millions dans le tableau. Mais attendu les déchéances qui pourront être prononcées il réduit cette augmentation de 22,673,957 f. à 16 millions, ce qui réduit le déficit à 40 millions.

Il porte en ligne de compte le produit des domaines engagés, pour 10 millions, terme moyen du ministre des finances qui, a-t-il dit, *ne saurait à quelle somme se fixer entre 5 et 15 millions.*

Restait encore un déficit de 30 millions.

Génissieux en déduit d'abord 2,750 mille f. à ajouter au taux du droit d'enregistrement, dont on avait omis en entier l'augmentation du droit sur les successions pour six mois. 2°. Pareille somme pour augmentation du droit de greffe, ce qui réduit le déficit à 25 millions ; dont il déduit 10 millions pour la restitution des fruits et intérêts pour les années 3. 4. 5 et 6, due par les co-partageans avec des émigrés ; il porte ensuite en déduction 10 millions, qui paraissaient rester encore disponibles, sur les fonds généraux des dépenses imprévues ; ce qui, en dernière analyse, réduirait le déficit à 5 millions.

Mais Génissieux observe, à cet égard, que s'il paraissait exister encore un déficit, c'est parce que le ministre des finances, qui, dans une conférence du 11 germinal, avait évalué le revenu des forêts nationales à 20 millions, ne l'a plus porté, dans son tableau de floréal, qu'à 13,835,723 francs ; de ce qu'il a réduit à 13 millions, par apperçu, la contribution des portes et fenêtres, etc. ; d'où il a conclud que le déficit était plus que problématique.

Le Corps législatif n'eut pas le temps de se livrer à la discussion de ce rapport, parce que deux jours après, le directoire exécutif, en annonçant l'assassinat de nos plénipotentiaires à Rastadt, en prit occasion de crier à la pénurie, à l'affaiblissement progressif de nos moyens pécuniaires, et de réclamer l'équilibre entre les recettes et les dépenses : et le Corps législatif, toujours trompé, décréta une subvention extraordinaire de guerre.

Il semblait que le ministre des finances aurait dû être satisfait. Mais puissant encore, à cette époque, de la puissance des *grands coupables*, il fit paraître, le 9 prairial, une réponse au rapport de Génissieux, dans laquelle, non-seulement il *persiste* à soutenir qu'il y a un déficit d'environ 67 millions, mais il s'y rend encore le défenseur officieux de tous les ministres, même de *Schérer*, et prétend qu'il n'y a pas eu de *dilapidations*.

Je ne répondrai , en ce moment , qu'à ses raisonnemens sur le prétendu déficit.

« La totalité des crédits ouverts , dit-il , est
» de 700 millions. Ouvrez la feuille des recettes
» et des dépenses de la trésorerie , vous y
» verrez que les recettes ne s'élèvaient , au 5
» prairial dernier , d'après les comptes tenus
» par les payeurs , qu'à 158,760,759 francs.
» J'ai celui des receveurs, j'ai des dates peut-
» être plus rapprochées, j'ai fait des évalua-
» tions par approximation , et je déclare que
» les recettes actives n'excèdent pas 220 mil-
» lions.

» Quoi ! s'écrie *Ramel*, des revenus que
» vous croyez suffisans, n'ont donné, dans les
» deux premiers tiers de l'année que 220 mil-
» lions, tandis qu'on aurait dû en recouvrer
» 426 ; et vous dites qu'il n'y a pas de déficit? »

RÉP. Les revenus d'un état se composent de plusieurs parties de recettes. Les unes sont journalières et éventuelles, tels que les droits d'enregistrement, timbre et autres droits fiscaux. Les autres sont fixes et dépendent du plus ou moins de célérité et des difficultés dont est susceptible une juste répartition entre chaque

que administré ; et dans cette classe se rangent
les contributions foncière , mobiliaire , personnelle et somptuaire ; celle sur les portes et
fenêtres, dont les rôles ne sont pas encore
dressés ; enfin , la subvention de guerre. Or,
si l'on considère que la cote de chaque département , pour les contributions foncière, mobiliaire , personnelle et somptuaire , n'a été
fixée par le Corps législatif qu'en brumaire
an 7 ; qu'il a fallu que les administrations dé-
partementales en fissent la répartition entre
les cantons ; ceux-ci , entre leurs contribuables,
et que ces diverses opérations donnent lieu à
des réclamations , qui nécessairement retar-
dent la perception : si l'on considère ensuite
que l'impôt sur les portes et fenêtres n'a été
décrété que dans le courant de l'an 7 , et la
subvention de guerre, que dans le neuvième
mois ; l'on sentira aisément que dans les deux
premiers tiers de l'an 7 , les premières contributions ont dû produire peu de chose, et les
autres rien. On ne peut donc pas en conclure
qu'il y a déficit, mais seulement retard dans
les recouvremens ; et ce retard , dans cette
partie, est forcé, il a existé de tous les temps.
L'on n'a jamais perçu qu'à la fin d'une année

B

ou au commencement de l'autre, les contributions établies pour l'année courante. Ainsi, dans ce moment encore, on perçoit les contributions des années 5 et 6. Dès-lors, au lieu d'inférer de ce retard, un déficit sur cette première partie des revenus de l'état : on *doit en inférer*, au contraire, *que par cela même qu'on a peu perçu dans les huit premiers mois, l'on aura davantage à recevoir dans les quatre derniers.*

Mais est-il vrai d'ailleurs qu'il n'ait été perçu que 220 millions? Le ministre des finances nous apprend lui-même dans sa lettre, qu'il a été fourni pour plus de 190 millions de délégations sur les contributions et les douanes, indépendamment des 50 millions payés par la trésorerie sur l'arriéré des contributions, et de 17 millions de bons de recette; or si l'on a fait pour 190 millions de délégations sur les rentrées faites ou à faire dans les caisses des receveurs; il ne faut plus s'étonner si les payeurs ont peu touché sur l'an 7, car en raison des délégations considérables faites sur les caises des receveurs, ceux-ci ont dû verser très-peu de chose aux payeurs : il ne devait pas même y avoir d'arriéré, car en réunissant les 190 millions de délégations aux 220 millions de contributions rentrées sur l'an 7, sans y comprendre l'arriéré des années précédentes; plus les 50 m^{ons}. pris sur cet arriéré, et les 17 millions de bons de recette, l'on trouve un total de 477 millions, toujours non compris les 125 millions de domaines nationaux et droit de vente d'iceux.

Ainsi, le raisonnement du *ministre* des finances est érronné, quant aux produits fixes. Voyons s'il sera plus juste sur les produits éventuels.

Le ministre fait tous ses efforts pour insinuer que ces produits ne rapporteront pas ce qu'on s'en promettoit, et afin de couvrir le reproche que la commission lui a fait d'avoir varié à chaque instant dans ses estimations; il s'écrie.

„ Pouvais-je persister à évaluer le droit „ d'enregistrement à 70,000,000 f. lorsque la „ loi qui l'augmente n'a été rendue qu'à la „ fin du premier trimestre, et qu'elle n'as- „ sure pas tout ce qu'elle promettait !

„ Pouvais-je continuer à estimer le timbre

» 3o millions, lorsque les lois, qui sont venues
» tard , n'en assurent point 18 ?

» Pouvais-je persister à estimer les hypo-
» thèques à 8 millions, lorsque la loi qui les
» règle n'est venue que dans le quatrième
» mois ?

» Pouvais-je persister à estimer la taxe sur
» les portes et fenêtres 16 millions, lorsque
» les rôles sont à peine à 7 ?

RÉPONSE. Si je n'avais pas des objets de
comparaisons suffisants pour détruire tous
les raisonnemens du ministre des finances,
je me contenterais de lui dire, les produits
éventuels, dont vous parlez, ont dû rapporter
moins en proportion du temps, pendant les
premiers mois de l'an 7, que dans le reste
de l'année, parce que, de votre aveu, ces drois
sont venus à tard, ce n'est donc pas sur ce
qu'ils avaient donnés jusqu'en germinal dernier, d'après des états très-infidels que vous
pouvez établir qu'ils ne rapporteront pas même
ce à quoi il vous a plu de les réduire.

Mais il est démontré aujourd'hui, que vos
liasses d'appréciation sont singuliérement in-
exacte, que vous avez constamment induit

en erreur les commissions des finances, peut-
être, parce que vous l'étiez vous-mêmes; Génissieux a avoué, dans plusieurs endroits de
son dernier rapport, que vous n'aviez pu
fournir à la commission aucun renseignement
sur plusieurs objets importans, notamment sur
les contributions des pays conquis ou réunis;
il a avoué, dans son rapport du 26 germinal,
que sur plusieurs objets, vous aviez pris pour
base du produit général, le produit de vingt
départemens; or cette base est d'autant plus
vicieuse qu'attendu l'inégalité des ressources
industrielles, commerciales et agricoles et
des différences des situations et des localités,
vingt départemens des plus favorisés sous
tous ces rapports, donneraient à eux seuls,
autant que tous les autres départemens; tandis
qu'au contraire, vingt départemens pauvres
et peu productifs, ou qui n'ont pas les faci-
lités de l'importation, comme celui des Landes,
du Gers, des Alpes maritimes, etc. donneront
moins que deux autres départemens.

Cet objet de comparaison a donc dû être
fautif; il a dû favoriser l'erreur et l'incerti-
tude, et comme depuis 9 mois cette incerti-

tude donne lieu à des débats continuels entre le ministre des finances et les commissions des finances, dont le résultat a été de nouvelles lois bursales, qui ont achevé d'écraser le peuple; il est instant de la faire cesser, et je n'aurai besoin que d'un seul objet de comparaison.

Le ministre des finances, par exemple, prétend que les droits d'enregistrement et de timbre réunis, ne donneront pas même 78 millions. En réponse je lui oppose le tableau de ce qu'on produit ces droits en 1792, époque à laquelle les droits d'enregistrement et de timbre, étaient infiniment moins onéreux qu'aujourd'hui, pesaient sur bien moins d'objets, et où la France resserrée encore dans ses anciennes limites, ne s'était pas accrue par ses conquêtes de plus d'un cinquième en territoire et en population.

TABLEAU du produit des droits de l'enregistrement et du timbre, en 1792.

Département.	Liv.	s.	d.	Département.	Liv.	s.	d.
Ain ,	1,385,896	9	3	Ci-contre.	49,287,076	5	
Aisne ,	3,345,726	19	2	Lot ,	772,062	5	9
Allier ,	1,350,173	6		Lot et Garonne ,	1,097,047	1	
Alpes (Hautes) ,	216,765	1		Lozère .	222,820	11	9
Alpes (Basses) ,	368,491	8	1	Maine et Loire ,	1,372,341	19	4
Ardèche ,	398,922	19	9	Manche ,	1,670,269	7	11
Ardennés ,	1,141,769	19	9	Marne ,	1,861,722	8	6
Arriége ,	286,392	15	8	Marne (Haute)	1,161,765	6	11
Aube ,	1,061,383	13	0	Mayenne ,	1,028,201	14	4
Aude ,	1,011,370	5	9	Meurthe ,	2,020,458	5	7
Aveyron ,	744,297	14	3	Meuse ,	1,417,549	9	8
Bouches du Rh. ,	2,400,938	16		Morbihan ,	787,938	18	
Calvados ,	2,400,668	7	2	Mozelle ,	1,589,194	10	9
Cantal ,	510,927	3		Nièvre ,	1,021,653	14	5
Charente ,	1,013,774	7	5	Nord ,	4,194,835	9	6
Charente infér. ,	1,531,029	15	2	Oise ,	2,552,592	18	5
Cher ,	646,224	1	1	Orne ,	1,454,650	2	5
Corrèze ,	483,591	10	4	Paris ,	15,677,164	12	11
Côte-d'Or ,	2,259,978	6	7	Pas-de-Calais ,	2,338,528	17	4
Côtes-du-Nord ,	885,132	17	3	Puy-de-Dôme ,	1,233,419	10	10
Creuze ,	350,181	4	1	Pyrénées (H.) ,	293,437	17	1
Dordogne ,	1,172,495	11	3	Pyrénées (B.) ,	805,138	6	3
Doubs ,	1,007,443	14	2	Pyrénées (O.) ,	372,761	4	2
Drôme ,	687,531	7	6	Rhin (Haut) ,	1,163,984	2	4
Eure ,	2,331,049	2	9	Rhin (Bas) ,	1,960,569	15	1
Eure et Loir ,	1,201,349		11	Rhône et Loire ,	2,864,917	10	10
Finistére ,	947,259	1	11	Saône (Haute) ,	1,161,874	2	5
Gard ,	1,123,193	12	6	Saône et Loire ,	1,975,666	10	4
Garonne (H.) ,	1,448,179	15	10	Sarthe ,	1,243,937	1	10
Gers ,	836,574	1		Seine et Oise ,	3,317,146	14	11
Gironde ,	3,290,301	14	9	Seine inférieure ,	5,279,529	17	9
Hérault ,	1,126,005	1	11	Seine et Marne ,	2,166,470	4	8
Isle et Vilaine ,	990,096	9	4	Sèvres (deux) ,	857,089	8	1
Indre ,	652,063	14	8	Somme ,	1,932,545	4	2
Indre et Loire ,	1,378,070	3		Tarn ,	678,762	2	2
Isère ,	1,124,566	7	5	Var ,	1,098,247	5	9
Jura ,	1,045,083	2		Vendée ,	1,197,894	2	9
Landes ,	399,217	10	2	Vienne ,	887,387	6	3
Loir et Cher ,	934,922	11	9	Vienne (Haute) ,	471,129	13	2
Loire (Haute) ,	514,753	2	8	Vosges ,	1,136,378	3	11
Loire Infér. ,	1,928,393	16	8	Yonne ,	1,425,443	10	
Loiret ,	1,432,768	13	3				
Total. .	49,287,076	5		Total.	125,032,428	18	5

(24)

L'on voit que les 82 départemens, dont la France était composée en 1792, ont donné 125,032,428 fr. 18 s. 5 d.

Or la France s'est agrandie par ses conquêtes, de 20 départemens, parmi lesquels il s'en trouve au moins douze très-productifs, dont voici la nomenclature.

Escaut, *Lys*, *Ourthe*, *Forêts*, *Meuse-inférieure*, *Deux-Nethes*, *Dyle*, *Gemmappes*, *Sambre-et-Meuse*, *La Roere*, *Mont-Terrible*, *Mont-Tonnerre*, *Rhin-et-Moselle*, *Sarre*, *Mont-Blanc*, *Alpes-maritimes*, *Vaucluse*, *Leman*, et ajoutez *la Corse* qui n'avait rien donné en 1792. Voilà 20 départemens de plus qu'en 1792.

Indépendamment de cet accroissement de territoire, les droits du timbre et d'enregistrement ont été triplé, quadruplé, quintuplé même en l'an 7, et étendu à des actes ou des objets qui n'y étaient pas sujets même avant l'an 7.

Si 82 départemens ont produit, en 1792, 125 millions, les départemens réunis depuis, et qui forment plus d'un cinquième en population, en industrie et en commerce, auraient donné 150 millions au moins.

Si les droits ont plus que doublé, ce sera donc aujourd'hui plus de 300 millions.

L'on objecte que les actes sont plus rares. Je réponds que ces droits frappent tant d'objets que cela forme compensation ; et je prendrai encore la preuve de mon assertion, dans le produit d'un département en 1792, comparé avec le produit de ce même département en l'an 6 et 7.

Le département d'Indre et Loire, par exemple, a produit en 1792, 1,378,070 liv. 5 s. 4 d. Cette année il a produit environ 3 millions, c'est-à-dire, le double et plus d'un cinquième en sus. J'ai eu donc raison de porter ce droit, pour l'an 7, à 300 millions.

Mais admettons, si l'on veut, une réduction d'un tiers, pour compenser avec quelques départemens qui auront peu produit, c'est encore 200 millions au lieu de 78. Ainsi voilà une différence de 120 millions sur un seul objet. Que l'on juge après cela de la véracité des assertions du ministre des finances, de la justesse de ses apperçus ?

Ce fait seul m'évitera toute discussion sur

tout autre produit. Mais, me fixant sur toutes les discussions antérieures, je me résume et je dis :

Les fonds nécessaires pour les services ordinaires et extraordinaires de l'an 7, ont été fixés, dans le principe, par le Corps législatif, à . . . . 600,000,000 f.

Il a été fait déduction sur ces fonds de 25 millions affectés aux ponts et chaussées, attendu le remplacement qui a été fait par la taxe d'entretien des routes, ci . . . . . 25,000,000 f.

Plus, pour les hospices, de Paris, dont les fonds sont remplacés par l'octroi de bienfaisance . . . 5,300,000

Plus, pour l'entretien des canaux, ci . . 3,500,000

Total à déd. 33,800,000 f.

} 33,800,000 f.

Les fonds se trouvent par conséquent réduits à . . . . . 566,200,000 f.

Les produits qui ont dû les couvrir, sont,

1°. Les contributions foncière et personnelle, tant sur la France, que sur les pays
conquis, montant ensemble à . 250,000,000 f.

2°. Reprise sur l'arriéré des
contributions . . . . . . 22,500,000 f.

3°. Droit d'enregistrement et
de timbre. 200,000,000

4°. Amendes et épaves . . 3,000,000

5°. Patentes 18,000,000

6°. Douanes 12,476,260

7°. Poste aux lettres, (prix
du bail 10,000,000

8°. Voitures publiques . . 800,000

9°. Poudres et salpêtres . . 500,000

10. Salines affermées ou non
affermées. 6,960,000

11°. Tabac. 3,000,000

12°. Loterie 7,000,000

13°. Revenus des forêts nat. 20,000,000

14°. Revenus des domaines
nationaux 23,349,107

15°. Impôt sur les portes et
fenêtres 16,000,000

16°. Droits sur les hypoth. 6,000,000

17°. Créances diverses . . 5,500,000

Total . . . . 605,085,567 f.

Ci-contre . . . . 6o5,o85,367 f.

18°. Vente des biens nation.
avant l'an 7 , (terme moyen entre l'évaluation de Génissieux
et celle du ministre des finances.   5o,ooo,ooo

19°. Droits de garantie . .   5oo,ooo

20°. Droits de greffe des tribunaux civils et de commerce.   2,ooo,ooo

21°. Recouvrement des frais
de justice, en matière crimin.   5oo,ooo

22°. Actes de l'état civil de
Paris   12,433

23°. Revenus des biens saisis
réellement   4,423

Ainsi les divers impôts ou revenus, devant former le montant des fonds nécessaires pour
les services ordinaires et extraordinaires de l'an 7, montent à 657,6o2,223 f.

Ajoutons à cette somme, les
125 millions de biens nationaux
et le droit d'enregistrement de
la vente desd. biens, montant
à 127,5oo,ooo

Plus, le produit de la subvention de guerre que j'évalue
à un *minimum* de 5o millions .   5o,ooo,ooo

L'on verra que le Corps légis.
a décrété pour 835,1o2,2a3 f.
pour le service de l'an 7 , ci.   . 835,1o2,2o3 f.
Ces fonds étaient réduits en
définitif à 566,2oo,ooo

Il y a par conséquent un ex-
cédent de . . . . 268,9o2,2a3 f.

Il ne peut donc pas y avoir un déficit de
67 millions sur le montant des revenus comparé au montant des fonds décrétés pour le
service de l'an 7.

DEUXIÈME PARTIE.

Les revenus réels sont suffisans pour couvrir
les dépenses réelles.

Avant d'entrer dans cette discussion, il est
important de s'accorder sur ce qu'on doit en-
tendre rigoureusement parlant, par *déficit* ;
jusqu'ici on l'a considéré, comme la différence

en moins du produit de tous les revenus de l'état, comparé avec le taux auquel ce produit avait été évalué.

Cette définition n'est pas exacte. 1°. Parce qu'il est possible que les dépenses présumées outrepassent le montant des fonds décrétés. 2°. Qu'il est également possible que les diverses branches de revenus donnent plus qu'on ne l'avait présumé.

Je définirai donc le *déficit*; la différence en moins des revenus de l'état, comparés avec ses dépenses *légitimes*. Il ne peut, en effet, y avoir de déficit, que lorsque les dépenses vraies de l'état l'emportent sur le montant réel des revenus. Le déficit n'est réel, a observé Génissieux, qu'autant qu'il y aurait lieu à dépenser légitimement et sans répétition, des sommes égales au montant des crédits. Car l'ouverture d'un crédit n'est que l'autorisation à l'employer à des dépenses indispensables.

Ce principe posé, la discussion sera claire et les résultats seront faciles à saisir.

J'ai établi, dans la première partie, que les produits des revenus de l'an 7, pouvaient être évalués à la somme totale de. . 835,102,223 f.

Les crédits ouverts, en ce mo-
ment, se montent à . . . . . 700,000,000 f.

Il y a donc de quoi les remplir et au-delà : ils
le seront d'autant plus facilement, que dans
cette dernière somme se trouve 89,560,564 f.
pour la dette publique, et que cette dépense s'ac-
quitte en bons, par conséquent, sans sortir du
numéraire et sans grever le trésor national ; et
qu'elle compense le papier que le gouvernement reçoit lui-même, ci. . . 89,560,564 f.

Qu'on en peut distraire encore une somme de 9,541,412 f.,
pour dépenses imprévues, qui
n'appartiennent à aucun minis-
tère et qui sont disponibles, ci. 9,541,412 f.

Total . . . . . . 99,101,976 f.

Ce qui réduit le montant des
crédits ouverts, pour les diverses autorités à . . . . . . 600,898,024 f.

dont il faut encore distraire les dépenses des
hôpitaux, ponts et chaussées et canaux, qui
ne sont plus à la charge du trésor public.

Ceci posé, en nous plaçant dans l'hypothèse

la plus défavorable, et quand il serait possible d'adopter les réductions, d'après lesquelles le ministre des finances ne porte nos ressources qu'à. . . . . 508,456,973 f.

Il faudrait y ajouter les 100, 27,500,000 f. de domaines nationaux et droit de vente d'iceux, ci. . . . . 127,500,000 f.

Et la subvention extraordinaire de guerre, que j'évalue à un *minimum* de 50,000,000

Nous aurions encore un fonds de . . . . 685,956,973 f.

Or, cette somme était bien plus que suffisante pour faire les services de l'an 7.

En effet, les crédits ouverts aux différentes autorités ne se montaient d'abord qu'à 472, 995,158 francs.

Le ministère de la guerre était compris dans cette somme, pour . . . . . 298,581,902 f.

Sur quoi déduire pour les troupes employées dans les républiques batave et cisalpine . 36,000,000

Reste . . . . . 262,581,902 f.

L'on

L'on voit dans le rapport de Génissieux, du 25 floréal dernier, que l'on supposait alors un effectif de 409 mille hommes sous les armes, indépendamment d'environ 60 mille hommes à la solde des républiques batave et cisalpine, et pour l'entretien desquels ces deux républiques payaient annuellement 36 millions.

Lorsque la résolution, qui fixa ce crédit, fut portée au conseil des anciens, Lacuée, alors membre de ce conseil, a fait des observations d'autant plus importantes à rappeller ici, que ses talens comme administrateur militaire et comme officier supérieur, sont connus.

Il observa d'abord, que la résolution *maintenait l'armée sur le pied de guerre.* Passant à la discussion des chapitres de l'apperçu, donné par le ministre; il a trouvé que les officiers généraux, les officiers de santé et plusieurs autres fonctionnaires publics y étaient portés en trop grand nombre.

Il aurait voulu qu'on eût maintenu les retenues établies par la loi du 23 floréal an 5, qu'on eût supprimé, pour les militaires que leurs affaires font partir en congé, les frais destinés par la loi, à ceux-là seuls qui se rendent dans les hôpitaux : qu'on eût supprimé aussi les voyages d'urgence, et réduit les officiers surnuméraires.

Il s'est plaint de ce qu'on augmentait le prix des *vivres-pains*, lorsque le blé avait considérablement diminué de valeur ; de ce que le prix des rations des *vivres-viande* était supérieur à celui du commerce et à celui des marchés fait dans les départemens pour les étapes. Il proposait, comme remède à cet abus, la publicité des marchés, le dépôt d'échantillon et la stabilité des traités. Il aurait voulu qu'on eût défendu tout autre sous-traité que celui qui substitue le sous-traitant au traitant ; parce les marchés étaient portés sur la place aussi-tôt qu'obtenus, et vendus et revendus avec d'énormes bénéfices : il montrait la fidélité dans les engagemens, comme moyen de diminuer les dépenses. Lorsque les marchés serout publics, stables, disait-il, que chaque fournisseur sera certain d'avoir, sans l'acheter, une partie de ses fonds ; que nul n'aura la préférence pour le mode et la quotité des payemens, vous verrez tomber, de la manière la plus rapides, le prix de toutes les matières premières, et de la main-d'œuvre ; et dès-lors, les finances seront restaurées.

Le prix des légumes secs lui a paru trop haut ; le nombre des rations de fourrages lui a paru exhorbitant, et le prix porté d'ailleurs trop haut. Il a trouvé énorme la dépense de l'approvisionnement extraordinaire des places. Il s'est plaint de ce que l'on réservait une somme pour les chevaux de peloton, quoique l'usage de ces chevaux fût aboli. Il a trouvé trop forte la somme demandée pour les étapes, en ce qu'elle supposait un mouvement journalier dans l'intérieur, de 25 mille hommes et 5 mille chevaux, ce qui était absurde : il observa d'ailleurs à cet égard, que le précédent ministre, *Pétiet*, en distribuant l'entreprise des étapes par département, avait fait baisser les prix, et qu'en formant une entreprise générale, on les a augmentés.

Lacuée s'est plaint encore de ce que les fonds pour le logement, le casernement et chauffage, étaient plus considérables que dans les années précédentes, quoiqu'ils dussent s'appliquer à un moindre nombre d'hommes.

Il aurait voulu qu'on eût substitué les masses

aux dépenses qu'exigent l'habillement, l'équipement, linge, chaussure, campemens et remonte. Il réfute l'objection de ceux qui s'opposent à l'établissement des masses; parce que, dit-on, il faudrait payer plus réguliérement que ne le permet l'état du trésor public. Les économies, a-t-il dit, qu'avec de l'exactitude, on ferait sur les prix, diminueraient le besoin de fonds.

Après plusieurs autres observations, Lacué a dit : oui, nous pensons que la plus grande partie des articles de l'apperçu sont exagérés; oui, nous pensons que si nous avons la guerre continentale, nous pouvons faire une campagne de douze mois avec 250 ou 260 millions au plus, puisque nous avons fait dix mois de celle de l'an 5 , avec 145 millions; et si nous vous proposons d'approuver la résolution, c'est pour que vos ennemis ne disent pas que nous ne pouvons pas faire la guerre, ou que nous ne voulons pas la faire, ou que du moins, nous voulons par des délais entraver la marche du directoire.

Ainsi, il parut constant au corps législatif, que 260 millions étaient suffisans pour les dépenses de la guerre pendant l'an 7 , et le corps législatif supposait alors un effectif de 409 mille hommes, non compris les troupes françaises entretenues par les républiques batave et cisalpine.

Or, il est avéré, 1°. qu'avant la levée des conscrits, il existait un déficit considérable en hommes, et un plus considérable encore sur le nombre des chevaux. 2°. Que ce que nous avions sous les armes n'était point entretenu; que la solde était arriérée.

Le ministre de la guerre avait donc une grande latitude pour faire face aux dépenses avec 260 millions.

Cependant la levée des conscrits fut bientôt un prétexte pour demander de nouveaux fonds, et sur les 125 millions de biens nationaux, mis à la disposition du directoire exécutif, par la loi du 26 vendémiaire, an 7, 90 millions furent ajoutés au crédit du ministre de la guerre et nous voyons dans le second rapport de Génissieux, que ces 90 millions lui ont été payés, partie en argent, l'autre partie, en délégations, soit sur le prix de vente, soit sur des contributions de toute espèce.

Objecterait-on que la levée des conscrits est une dépense extraordinaire et imprévue, qui ne doit pas entrer dans le fond de 575 millions décrétés pour le service de l'an 7 ; cette objection tombe d'elle-même, lorsque l'on voit, 1°. que par l'effet du déficit qui existoit en hommes et en chevaux, avant la levée des conscrits, cette levée n'a pas même donné le complet présumé, lors de la loi qui a décrétée les fonds nécessaires pour l'an 7.

2°. Qu'un grand nombre de conscrits de la première classe s'est habillé, équipé à ses frais.

3°. Que ceux de la deuxième et troisième classe qui ne se sont pas équipés à leurs frais, l'ont été sur les avances faites par les administrations municipales.

4°. Pusiqu'il faut le dire, que beaucoup de conscrits se sont soustraits à la loi, moins peut-être par incivisme, que parce qu'alors la perfidie des *gouvernans* les a découragés.

Ainsi, loin de regarder la levée des conscrits comme une dépense extraordinnaire, je ne la considère que comme un *moyen tardif d'arriver au complet présumé avant l'an 7*. Et dès-lors, je vois que le ministre de la guerre a dû trouver une réserve de fonds provenants de l'incomplet antérieur, qui auraient suffit à lui prouver l'effectif présumé, quand même, (ce qui n'est pas), cette levée aurait été faite sur les fonds mis à sa disposition. D'ailleurs, dans le premier crédit du ministre de la guerre, se trouve une somme de 3,600 mille livres pour dépenses imprévues qui étaient, dans tout les cas, bien plus que suffisants pour subvénir aux frais de la levée seulement, puisque les fonds nécessaires pour la solde et entretient de plus de 400 mille hommes étaient décrétés depuis le mois de fructidor précédent.

Si donc le ministre de la guerre avait obtenu primitivement 262,581,902 francs pour les services ordinaires et extraordinaires de l'an 7 ; et si, en évaluant le nombre d'hommes sous les armes à 409 mille hommes et 68 mille chevaux, cette somme a paru plus que suffisante, il est certain que ce nombre n'ayant jamais existé, il a dû moins dépenser encore.

Ses dépenses ont encore prodigieusement diminuée, lorsque la guerre a été portée dans le Piémont, la Toscane et le royaume de Naples.

Les corps d'armées qui ont fait l'invasion de ces états, n'ont plus rien coûté à la république; elles lui ont, au contraire, procuré de nouvelles ressources. Dès-lors, le ministre de la guerre n'avait pas besoin de nouveaux fonds. Voilà quant à la solde et au personnel des hommes.

Si le ministre de la guerre a dû moins dépenser sur ces parties, il a rien dû dépenser pour les autres. Loin d'entretenir, il a détruit ; au lieu d'approvisionner les places, il en a enlevé les magasins d'armes et de munition ; au lieu d'employer en dépenses extraordinaires de l'artillerie, les 14,300,000 francs, portés dans son premier crédit, il a vuidé les magasins et les arsénaux pour payer des munitions avec des munitions. Il n'a donc pas pu épuiser son premier crédit.

Ainsi, en ne considérant que les dépenses réelles, c'es-à-dire, légitimement faites dans l'an 7 ; il est constant que les fonds décrétés pour le service de laditte année, ont été plus que suffisans pour les couvrir ; il ne peut donc y avoir de déficit de droit. Et si nonobstant les fonds accordés au ministre de la guerre, par le premier crédit qui lui a

été ouvert et montant à 262,581,902 francs ;
il a obtenu depuis un second crédit de 90
millions, dont il n'avait pas besoin ; si, outre
ces crédits, au lieu d'approvisionner les places
et les arsénaux, il les a dégarnis et vendu
armes et munitions, pour payer en apparence
des fournitures qui n'avaient pas été faites,
il est constant que s'il y a aujourdhui pénurie, elle ne provient pas de celle des ressources
décrétées, mais des dilapidations monstrueuses
et des marchés scandaleux, devenus un objet de
commerce sur lequel toute la horde des dépré-
dateurs bénéficiait. Cette faction dévorante
de *brigands contre-révolutionnaires ou perfection-
neurs*, s'est entendue pour dépouiller la république française, comme elle avoit fait des
autres républiques. Elle s'est dite, ruinons
la France ; qu'importe ce qu'elle deviendra
après ; enréchissons-nous ; simulons des marchés, et pour qu'ils ne puissent être attaqués ;
convenons d'avance des bénéfices ; corrompons
des membres parmi les *premières autorités* ;
*admettons les uns dans nos marchés, intéres-
sons les autres dans les entreprises, sans mise
de fonds ; faisons un abonnement avec d'autres ;
donnons tant à Bai . . .; tant à Leh . . . .; tant*

à *Reub.....*; tant à, etc. etc. par ces moyens nous aspirerons tout l'argeut de la république ; et lorsque les fonds du trésor public nous *man- queront* , nous vuiderons les *magasins* , les *ar- sénaux* , pour nous payer de ce que nous *n'avions pas fournis.* Voilà comment a raisonnée et opé- rée *cette horde de scélérats* qui ont tout sacrifié sans pudeur à leur *cupidité.*

Le ministre des finances qui, sans doute , n'est pas étranger à ces *désordres* , a cherché à excuser les *marchés ruineux* , en argumentant de la pénurie d'argent ; il a dit ; des loix qui établissent des impôts ne sont pas de l'argent comptant. Il résulte de ce raisonnement qu'en attendant la rentrée des divers revenus de l'état il aurait fallu une somme comptant pour commencer les services.

En ce cas, pourquoi ce ministre des finances, a-t-il provoqué lui-même à diverses reprises , l'augmentation des impôts , puisqu'il savait qu'il y avait des besoins du moment ?

Si ceux, qui *dominaient alors* , n'eussent été animés que du desir de remettre les armées sur un pied respectable, de pourvoir à tous leurs besoins, et d'approvisionner nos places fortes, et que pour y parvenir, des fonds disponibles sur le champs eussent été nécessaires, ils auraient dit au corps législatif; les fonds que vous avez décrété pour les dépenses de l'an 7, pourront être suffisans, mais comme leur rentrée est lente et progressive, et que pour reprendre l'attitude qui nous convient pour repousser les armées coalisées, nous avons besoin d'une masse de fonds disponibles sur le champ; nous ne vous proposons pas d'accroître les impôts, mais de décréter un emprunt de ...., dont les coupons seraient admis; 1°. en payement jusqu'à dûe concurrence des contributions dûes par les préteurs. 2°. Le surplus, remboursé à fur et mesure de la rentrée des autres revenus et sur le prix des domaines nationaux.

Cette mesure, à laquelle le corps législatif est obligé d'avoir recours aujourd'hui, pour réparer l'effet des dilapidations, eût été moins onéreuse alors, parce que l'emprunt n'aurait pas été ausi considérable; et parce que le peuple n'aurait pas été surchargé de nouveaux impôts qui écrasent l'agriculture, le commerce et l'industrie.

TROISIÈME PARTIE.

En supposant un déficit entre les produits présumés et les dépenses réelles, l'autorité exécutive pouvait y suppléer par des moyens extraordinaire.

Si le droit de conquête donne celui d'imposer des contributions sur les pays conquis ; si, sous le prétexte de délivrer les peuples de la tyrannie de leurs dominateurs, on a le droit de faire acheter à ces peuples la liberté, au prix de leur fortune, et à plus forte raison celui de s'emparer des trésors et des biens de leurs maîtres fugitifs ; si, enfin, après avoir associé ces peuples à sa cause, et avoir obtenu d'eux des sacrifices, en hommes, argent et munitions, on a encore exporté toutes leurs richesses, toutes leurs ressources, et leurs denrées ; si, dis-je, ces actes odieux peuvent être regardés comme un droit dévolu par la puissance des armes ; il me semble que du moins, le fruit de la conquête doit tourner au profit du vainqueur, c'est-à-dire, au profit des armées qui ont vaincu, et de la nation pour laquelle elles ont combattu.

Mais il appartenait aux *gouvernans* de la première république moderne, de donner l'exemple contraire.

En effet, indépendamment des ressources que nous avait fournie notre conquête des fiefs impériaux en Italie, et le renversement du trône pontifical sous Bonaparte, la conquête de la Suisse venait nous en procurer de plus récentes; les trésors de l'ancien gouvernement de ce pays evalué à 3o millions, tant en numéraire qu'en rescription; toutes les autres caisses publiques et particulières, les contributions levées sur ce pays, les diverses opérations financières , usuraires, qui ont fait regorger tout l'or que ce pays avait absorbé de la France pendant sa longue neutralité , toutes ces ressources, dis-je, avaient facilité aux *gouvernans* de la France, des moyens d'y soutenir notre corps d'armée et de faire des économies pour l'an 7, même en payant les rentiers et autres créanciers de l'état.

L'invasion simultanée du royaume de Naples, du duché de Toscane et du Piémont, vinrent cette année grossir ces ressources , et diminuer nos charges; ces trois états, et notamment le Piémont, nous fournirent des vivres, des munitions, des armes ; plus, des sommes d'argent considérables ; et dès-lors, en supposant que la république française, quoique *soulagée par l'entretien des troupes sur le sol étranger*, eût encore besoin de quelques fonds disponibles pour quelqu'opération extraordinaire , elle les trouvait et au-delà dans les contributions ordinaires et extraordinaires, levées dans cette portion de l'Italie nouvellement conquise, et dans la dépouille des princes et des riches.

Mais *la faction Rewbel* en a décidé autrement ; elle regarda les fruits de nos nouvelles conquêtes, comme sa propriété.

Bonaparte après avoir pourvu amplement à tous les besoins de sa nombreuse armée, avait encore versé *directement et sans detour* 3 millions au trésor national. Cette inconséquence du vainqueur de l'Italie ne sera pas répétée. Des ordres sont donnés aux *fidèles agens* ; et bientôt en Helvétie, *Rapinat, Rouliere et autres* ; à Naples, *Faypoult* et *Méchin* ; dans la Cisalpine, les *Trouvé*, les *Rivault*, *les Amelot*, qui forcèrent le général Joubert

à abandonner le commandement dans le Piémont ; *Eymar*, et consorts pillèrent tout au
nom de la république, mais pour le *compte
de leurs commettans. Schérer, ce traître ; ce
bourreau* de nos armées, dont on ne peut
prononcer le nom sans horreur, *Schérer* a
renchéri sur eux, en vendant les arsénaux
et les magasins. Ainsi la république ne pro-
fita de rien, pas même ses défenseurs ; par-
tout, ils sont nuds et sans pain, et pour com-
ble de maux, les habitans des contrées qu'ils
occupent, se vengent sur eux des crimes com-
mis par les *agens de la faction*. Ici je m'arrête.

Mon dessein n'avait été que de prouver, 1°.
que les fonds décrétés progressivement pour
l'an 7 , avaient outrepassés ceux reconnues
nécessaires pour ce service le 26 fructidor
an 6.

2°. Qu'en supposant un déficit sur les fonds,
ils auraient été encore suffisans pour couvrir
les dépenses réelles.

3°. Qu'en supposant un déficit entre les
produits présumés et les dépenses réelles, l'autorité exécutive avait dans ses mains des ressources extraordinaires, fruit de nos conquêtes

en l'an 7, pour parer au déficit de nos revenus. J'ai fait plus ; j'ai démontré qu'il y avait un systême affreux de dilapidations et de perfidies.

Car il est évident que nos revenus, les ressources extraordinaires, l'abus des délégations, la vente de nos arsénaux au lieu de les approvisionner, offrent une masse de plus de 1500 millions (1), dont 300 millions n'ont pas été employés aux services divers de l'an 7, puisqu'ils sont tous arriérés et que le corps législatif a cru nécessaire de décréter une emprunt de 100 millions pour les assurer, il y a donc dilapidation de 13 à 1400 millions !!!

Et l'on vient se plaindre effrontément de la pénurie de nos moyens pécuniaires !!! L'on s'étonne, l'on frémit d'indignation d'une pareille impudence ; mais si l'on considère que ces *brigandages* étaient les moyens prépara-

---

(1) Je ne parle pas ici de certaines ressources honteuses, telles que les rétributions sur les maisons de jeu, horriblement multipliées, et érigée en administration ; (on dit aujourd'hui administrateur de jeu, comme administrateur de département) : de ces *permis* d'exporter des grains, devenus un objet d'agiotage, etc. Il fallait bien payer des orateurs, des limiers et des agens de *perfectionnement.*

toires

toires employés pour le renversement de la république; et que de grands *crimes* devaient couronner ces forfaits; alors on cesse d'être surpris.

Représentant du peuple! vous avez arrêté le torrent des brigandages, le débordement de forfaits, dont une *faction inhumaine et lâche*, avait inondé la France; ce n'est pas assez, il faut précipiter ces *monstres* dans l'abîme ou ils voulaient nous engloutir; il faut qu'ils reçoivent la peine due à tous leurs crimes.

Il faut que leurs fortunes scandaleuses, soient consacrées au remboursement de l'emprunt de 100 millions; déjà leurs propriétés *connues*, [1], devraient être séquestrées, et des recherches ordonnées pour découvrir les acquisitions qu'ils ont faites sous des prête-noms, pour dérober la trace de leurs dilapidations.

En punissant les coupables, Législateurs! il vous reste peut-être les moyens de soula-

______

(1) J'ai dit leurs propriétés connues, car ces *monstres*, qui n'ont point de patrie, ont placé hors de France les capitaux qu'ils ont *volés*, et peut-être *Rapinat*, dont on annonce la fin, jouit-il ailleurs, au moyen de ces arrangemens, du fruit de ses *brigandages*.

D

ger le peuple. Le système de brigandages
étant arrêté, les 100 millions que vous avez
décrété, ajoutés aux contributions, non encore
recouvrées, au produit des revenus fiscaux et
du prix des domaines nationaux, qui pourront être vendu, donnent des moyens plus
que suffisans pour achever la campagne. Vous
pourriez, dès lors, rapporter la loi qui établit
une subvention extraordinaire de guerre; rapporter ou modifier au moins celle sur les portes et fenêtres, qui est onéreuse aux cultiva-
teurs, aux commerçans et réduire le droit
de timbre dont le taux excéssif n'est pas moins
funeste à leurs opérations. Le corps législatif
pourrait et devrait même annuller les fêtes
soit-disant nationales, qui ne servent qu'à rappeller le triomphe des diverses factions, à entretenir les haines. Il n'y a de véritables
fêtes nationales que le 14 juillet. le 10 août
et le premier vendémiaire; parce qu'ils rap-
pellent des époques qui ont amené la fonda-
tion de la république. Punir les coupables,
réparer les maux qu'ils ont faits : Voilà le grand
exemple que vous devez donner.

Vous devez ce grand exemple à vous-même,

à votre propre gloire, à votre honneur. Vous le devez au peuple français; vous le devez aux armées qu'ils ont trahies et affamées; vous le devez aux républiques alliées qu'ils ont torturées de mille manière et qu'ils ont ensuite lâchement abandonnées aux fureurs de leurs anciens oppresseurs, comme on rejette le fruit dont on a exprimé les sucs; vous le devez aux victimes de leurs perfidies, immolées en Italie; aux mânes de nos défenseurs dont les têtes sanglantes ont réjoui la vue du féroce tyran des Dardanelles; vous le devez encore aux puissances amies et ennemies, afin de leur apprendre que la république française est encore puissante elle-même, et qu'elle ne sera pas forcée par la terreur, à rompre les engagemens, envers les uns, ou de subir le joug que les autres voudraient lui imposer.

Par le citoyen E. Q. M******.

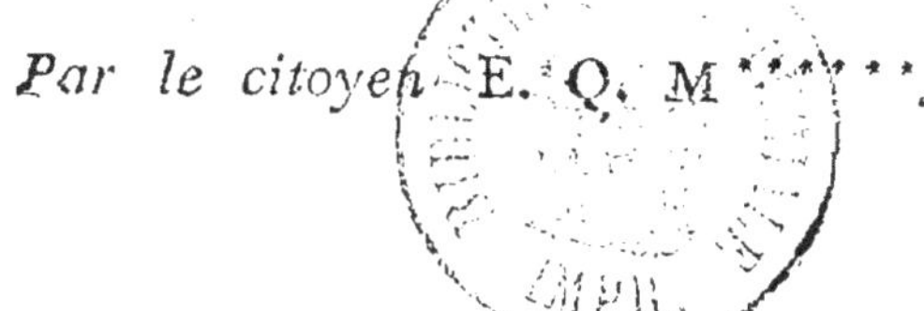

BIBLIOTHEQUE NATIONALE DE FRANCE
3 7531 02415738 1